von Frau Kuhn u. Mann

zum 23. 7. 90

KURT BAMBACH

Die Garteparty

un was mer da so babbelt

Verlag Waldemar Kramer
Frankfurt am Main

ISBN 3-7829-0327-7
Umschlagzeichnung von Ferry Ahrlé
Druck von W. Kramer & Co. Druckerei GmbH
in Frankfurt am Main

Inhalt

Garteparty

Dreimal verschobe, wege Rege –
dann gab's nix mehr zu üwwerlege,
alles gericht un Bescheid gesagt,
am Samstag werd aaner druffgemacht!
Verzeh Gäst un mir noch zu dritt,
beim Eikaaf nimmt mer Entsprechendes mit:
Rippcher, Kraut, Hand-/Schnittkäs dezu,
Brot, Brötcher, Brezel, dann kimmt de Clou,
des Trinke – Bier, Ebbelwei, Schnaps ebei,
daß ja nix fehlt, gibt kaa Meckerei!
Früh geht's los, mit Stühl raus un schmücke,
mer will sei Gäst ja aach beglücke
mit gutem Service, Gemütlichkeit,
des kost halt e bissi Vorarbeit!
Laterne fülle, Batterie noch lade,
wenns regne däht, des wär ja schade!
Trüb wars zwar, un die erste komme –
gemütlich werd gleich Platz genomme!
Uff die annern duht mer warte
un betracht sich erst de Garte!
Die letzte sin da, Gott sei Dank,
des lange Warte mecht aam krank!
Des Radio lääft – en Teil hört Sport,
die Mutti is soweit, nimmts Wort –
un bringt des Esse uff de Tisch,
jeder wart dadruff sicherlich!

Es schmeckt, mer hörts un lobts, is froh,
erwart hat mer des sowieso;
mer spielt dann Fußball, Fedderball,
beschäftigt sin se eigentlich all!
Uff aamal werds ganz trüb un blitzt,
erst duht des Kühle gut – mer schwitzt,
doch dann war aach de Rege da,
da blieb nur noch die Veranda!
Mer sitzt e bissi eng zusamme
un duht die Witterung verdamme!
Die Lampions sin bald uffgeweicht –
des Wasser in de Fässer steigt,
es regnet stärker, immer mehr,
mer friert, weils abgekühlt so sehr,
un aanig sin se sich jetzt all,
des werd nix mehr, uff gar kaan Fall!
De Käs noch da – zu trinke viel,
in de Kühltasch is noch Eis am Stiel!
En scheene Abend sollts noch wern,
so wollte mir des alle gern!
Nix wars halt widder, leider, schad –
drei Scherme hatte mer parat –
so in die Autos nach un nach,
des war en Umstand, ohne Frag!
E Wasserpitsch vorm Eingang noch,
des Wasser spritzt beim Renne hoch,
so hatte mer, wenns sonst aach mies,
gemeinsam all schee nasse Fieß!
Laterne aus un abgeschlosse,

so sin am Schluß mir arch verdrosse,
zum Auto, mit Packwerk, dorsch de Dreck,
die annern warn schon alle weg!
Am annern Tag war Sonneschein –
da warn mir widder ganz allein,
mir hawwe alles uffgeraamt
un hatte's doch so gut gemaant!
Es war halt mies, wie schon so oft,
plane is schlecht – lieber unverhofft,
da klappts, da mecht aam nix nervös –
un übrig bleibt da aach kaan Käs!!

Tante Frieda

Ganz unverhofft, mir warn geschockt,
da stand se da – schee buntberockt!
Gebabbelt hat se unentwegt,
erzählt, wer all sie uffgeregt;
kaan Kaffee wollt' se heut – nur Tee,
de Kuche maant se, wär ganz schee,
in Urlaub könnt se net mehr starte,
sie secht, sie bleibt bei uns im Garte!

Die Mück

Da gibts soviel, des is bekannt,
die stört jed „Mückche“ an de Wand,
die rege sich gleich uff un so –
wern ihres Lebens niemals froh;
des müßt net sei, wie mer des waaß,
mich stört e Mück nur uff de Nas!!

De Urlaub

(so wars – so kanns wern –
so muß es abber net sei)

Net mehr lang, dann gehts widder los –
Fahrt in de Urlaub – die Freud is groß;
stoßweis Prospekte wern erst studiert,
die verschiedenste Preise diskutiert!
Un is entschiede, wo un wann –
werds festgemacht – mer ruft noch mal an,
Zimmer – nur mit Aussicht zum Wald,
mer siehts schon vor sich – es is ja bald!
Dann kimmt de Tag – die Koffer gepackt,
es werd inspiziert, daß alles intakt –
zur Autobahn hin – dort sehr viele Staus,

langsam voran – die Sonn' sticht, o Graus!
Endlich geschafft – jetzt werd sich erholt,
mer guckt sich um, fühlt sich gleich verkohlt,
denn schon der Zimmer miserable Lage –
wär Grund genug fer sich zu beklage!
Zwaa Tag später des Auto defekt,
beim Kind de Arzt „Angina“ entdeckt,
des „Wertschaftsesse“ unner aller Kritik,
die Mutti hat Zahnweh – die Backe werd dick;
so geht se halt rum – die Urlaubszeit,
nachts werds kalt – es hat geschneit,
danach bleibts kühl un regnet konstant,
die Langweil der Kinner nimmt üwwerhand!
Vorbei is es bald – des erholsame Glück –
nervös fährt mer widder haamwärts zurück!
Dehaam endlich Sonne, kaa Wölkche am Himmel,
vertraute Umgebung – Trambahngebimmel –
köstlich schmeckts „Rippche“, der gute „Schobbe“,
im Blummebeet gibts widder Unkraut zu robbe,
dabei werd gesonnt un richtig entspannt,
dehaam is dehaam, des is ja bekannt;
so vieles duht mer vom Urlaub erwarte –
nächst Jahr – da bleiwe mer gleich im Garte!!

Aagestoche

Ich hab se widder schee genosse –
im Lieschestuhl die Sonn –
uff aamal kam da aageschosse,
e Wesp – net grad die Wonn!
En Stich hat die mir gleich verpaßt,
so obberhalb vom linke Knie,
vor Schreck hab ich dahiegefaßt,
da sticht se nochemal, des Vieh!!

Die Regewerm

Im Urlaub hab ich Zeit defür –
beobacht da so manches Tier!
Bei Storm und Rege ohne Scherm –
komme se raus, die Regewerm;
aalglatt un glitschig, so mache die,
drauß erum schon morjens früh;
niemand stört des, wie die sich krümme,
im Feld duhn se allerhand mitbestimme;
nur aaner, der läßt ihne net die Ruh –
zwar gibts dadebei immer dreckische Schuh –
„de Angler“ regt sich da aber net uff,
er füllt sei Büchs bis owwenuff,

hängt einzeln se ins Wasser – schade –
läßt se schee als „Wermche“ bade!!

Dampferfahrt

De Hannes secht zu seiner Klaa:
„Mir fahrn heut Dampfer uff'm Maa,
weils Wetter schee un garnet kühl,
vom Eiserne Steg zur Gerbermühl!“
Bis zur Deutschherrnbrick hält der Sege –
dann komme Troppe – widder Rege!!

Urlaubserwartung

Urlaub mache – Zeit däht des wern,
wie mer sichs vorstellt, hätt mers gern;
schnell kimmt de Tag, mer sehnts ebei –
im Nu is er da – aans, zwaa und drei;
erholsames Glück, mir hoffe uff dich,
dies Jahr werds besser sicherlich:
Schee Wetter vor allem – Esse gut,
un daß des Quartier aam passe duht;
net zunemme, mit em Klima kaa Last,
daß aach nachher aam die Hos noch paßt;

so wolle mirs all – jeder fer sich,
kaan Rege un kaan Sonnestich;
geruhsame Zeit – wenn nur drei Woche,
Urlaub muß sei, mer duht druff poche;
nur aans denach is zu erwarte –
's Pulver all, viel Unkraut im Garte!

De Kontakt

Verbindung schaffe heißt Kontakt,
den gibts verschiedenster Art,
wenn sich zum Beispiel zwaa gepackt,
verhaache sich un sin in Fahrt!
Kontakt is besser aach beim Tanze –
schee hat mers Mädche da im Arm,
am liebste ging mer oft uffs Ganze,
ums Herz is aam so richtig warm!
Odder Kontakt, wie der so is,
mit Nachbarn, alle Sorte Leut',
„freundlich" sei, des bringt gewiß,
aam selbst und aach de annern Freud!
Elektrische Kontakt gibts aach,
den schafft mer dann un wann,
wenns dunkel is odder am Tag,
daß de Strom schee fließe kann.
Am Biertisch – in de Straßebahn,

mer findt Kontakt üwwerall,
in ,,Vereine“ kann mer den erfahrn,
besonners doch in jedem Fall!
Aach zu de Tiern un zur Natur,
kann suche mer stets de Kontakt,
da lieht mer in de rechte Spur,
schließt schnell so en richtige Pakt!
Da wärn noch Beispiele zu nenne,
wohie mer all Kontakte wählt,
un aans, des sollt mer schon bekenne,
es is doch nix, wenn der aam fehlt!
Is die Bereitschaft nur intakt,
was hinnert da un steht im Wege –
ganz schnell erreicht aam der Kontakt,
nur wolle muß mer den – un pflege!!

Aaner Meinung

Zum Dokter schleppt e Fraa ihrn Mann,
der guckt sich den mal richtig an,
er maant dann – ,,der gefällt mir net“ –
en Schwächling wärs, kaan Mumm er hätt!
,,Da geb ich Ihne völlig recht“ –
secht se – ,,aach damals wars schon schlecht,
was hab ich mich so lang bemüht –
un hab halt dann kaan annern krieht!“

Unser „F“

E „F“ vor unsrer Autonummer –
da sin mir stolz, es is kaa Wunner,
des „F“ könnt heiße sicherlich,
„Freundlich“, „Frehlich“, „Fortschrittlich“!
Es paßt zu uns, nix zu mache draa –
e Aushängschild fer „Frankfort am Maa!“

De Frühjahrsputz

Jetzt is es Zeit, mer mecht klar Schiff,
so manches krieht en neue Schliff;
ob Auto, Wohnung, Hof odder Haus,
gleich sieht so alles anners aus!
Aach außerum gibts noch viel Sache,
manches könnt mer sauberer mache!
Bei ’ner Rundfahrt hawwe mers entdeckt,
manch Fleckelche is schee verdreckt;
Felder – Gärte – verwildert, vergammelt,
„Abfäll“ grad so dahie gerammelt!
Des könnt schon e bissi anners sei,
da wär doch werklich nix debei,
wenn die – die’s betrifft, dähte Hand aalege,
un richtig säubern ihr Gehege!

Spaziergänger – Leut – ob alt odder jung,
die sehe des gern, wenn alles in Schwung;
e „Aushängeschild" is des ohne Frag' –
un „Umwelt" pflegt mer wie's Auto aach!
So sollte des sei in alle Ecke,
daß kaaner kann mehr Unrat entdecke;
drum uffgerafft, schnell is des behobe –
un dankbar werd mer de „Frühjahrsputz" lobe!!

Klaakariert

Des klaakarierte Blüsje is schee,
die Minna is richtig stolz,
ganz jugendlich duht ihr des steh' –
es hat aach gekost' – was solls!
Hätt se, so wies ihrm Franz sei Art,
aach klaakariert gedacht,
dann hätt se zwar des Geld gespart –
awwer Spaß hätts kaan gemacht!

E klar Antwort

Sollt aam jemals aaner frage,
uff de Stell däht mer dann sage:
Handkäs – Rippcher und Ebbelwei –
mer schwört dadruff un bleibt debei!

Allaa schafft er's net

Wo mer heut liest un hat sei Ohr –
„des Thema“ – Katalysator!
Er solls mache, ganz allaa,
soll sorje jetzt fer groß un klaa;
die Umwelt schütze, unsern Wald,
der mecht des schon, so denkt mer halt!
Mer wolle – ohne eizuschränke –
so weiterhause, net viel denke,
schnell Autofahrn, gemütlich lebe,
bequem – un duhn noch mehr aastrebe;
des geht doch net – mer müßte aach
e bissi ännern ohne Frag,
de Lebensstil – so unsern Trott,
dann bessert sichs vielleicht ganz flott;

korzum – mer müßt behilflich sei,
net redde nur un Schreiberei,
denn er allaa – des werd nix nütze,
mir müsse den schon unnerstütze!!

Kreislauf

De richtige Kreislauf, der is gut,
en genaue Druck – kaa dickes Blut,
vielleicht hilft oft schon dadebei –
en gude Schobbe Ebbelwei!
Mer secht doch immer, der hält jung –
„die Konsumente“ hätte Schwung!!

Einigkeit

Bei uns dehaam, da gibts kaan Krach,
mir sin uns einig, ganz klar Sach;
de Ebbelwei löscht unsern Dorscht –
was annern mache is uns worscht!!

Klaane Werschtscher

S' gibt Leut, die haache uff de Putz,
maane wunners, wer se sin –
annern sin fer die nix nutz –
Bescheidenheit is da net drin!
Debei is oft net viel mit los,
des maan ich als Verfasser,
denn „klaane Werschtscher" sins aach bloß,
un koche nur mit Wasser!!

De Schlauberjer

Zum Ebbelwei er täglich geht –
sei Lisbeth waaß, er kimmt nie spät;
es duht em immer gut gefalle –
sei Schobbebrüder trifft er alle;
gelacht werd da un schlächt gebabbelt,
wenns Zeit is, werd dann haamgewackelt.

Es fällt jetzt uff – was hat de Schorsch?
Er geht so früh, der alte Borsch;
mer konnt erfahrn, er hätt schlecht Blut,
seiner Lewwer ging's net gut.
De Dokter fragt, was trinke Sie –
er secht vier Schobbe – mehr doch nie!

Des is zuviel, de Dokter maant,
uff einen Sitz so weggeraamt!
Na ja, jetzt mecht ers annersrum,
de Schorsch is schlau – war niemals dumm!
Am Stammtisch trinkt er nur noch zwaa –
aan in de Kneipe nebedraa –
dann duht er fer en weit're Schobbe,
an em annern Kränzi nochmal stoppe!
Er denkt ja mit – es is kaan Witz –
vier Schobbe – doch net uff ,,ei'm Sitz".

Jetzt war er widder zur Kontroll,
de Dokter fand die Werte toll –
er fragt nach em Stammtisch – alles klar? –
,,zwaa trink ich hier nur, des is wahr".
Da maant de Arzt – so is es recht –
des Blut des werd jetzt net mehr schlecht!!

Irrtum

Vergriffe hat sich jetzt e Fraa,
ihrn Mann secht lachend aafach ,,Naa –
statt Ebbelwei zum Esse Bier?
Gebs wem de willst, doch ja net mir!"

Des Haar in de Supp

Nörjeler gibt's, des waaß mer doch –
hier un da un noch un noch,
die finne – des is jedem klar,
in annern Süppcher gleich e Haar!
Un unsern Sprachgebrauch is so,
wem nie was paßt, egal wann – wo,
wer ständig schnuddelt, meckert, krätscht,
bei allem gleich sei Zähncher fletscht,
der werd gezählt, wie mer des weiß,
als Nörjeler zu diesem Kreis!
Un die so sin, die solle suche,
net immer üwwer annern fluche,
die finne sicher – des is wahr,
in de eige Supp dann aach e Haar!

Dorschwachse

„Wie gehts dann Karl deim Haxe?" –
„Ei danke schee, dorschwachse!"
Dorschwachse holt aach de klaa Meier,
des Suppeflaasch beim Metzger Geier!
Wenns Wetter mal net trüb, net hell,
da secht mer aach: „Dorschwachse – gell?"

Die Kelter

Ohne Kelter gibts kaan Sieße –
un aach Rauscher gäbs da net –
dademit is klar bewiese,
aach kaan Alte mer da hätt!
Net auszudenke wär des doch,
fest steht des unumwunne –
drum dem noch heut e ,,dreifach Hoch",
der des Gerät erfunne!!

Des gibts aach

En Gipskopp secht zu ihr: ,,Daab Schees,
du Breekeldippe babbelst Käs!"
,,Rinozerus", kreischt sie zurück,
,,du Drallaff, Bleedmann, dummes Stück,
glaab nur net, alter Kordelschisser,
du Eierkopp un Besserwisser,
daß en Schorschkarl so wie du,
könnt mich bringe aus de Ruh!" –
,,Aal Salatschneck, du scheel Kättel,
uffgestellter Mäuseknettel,
maanst du doofe Nuß, Radiesche,
werklich, du Latwerjeliesche,

du dumm Oos könnst mich bewege,
un am End aach uff noch rege!" –
„Hör mal – Volleul, Trittbrettfahrer,
klaakarierter Fuchser, Sparer,
du bist un bleibst halt en Hansworscht,
dei bissi Hern des is vermorscht;
du Saafegusch, du Kindskopp, Depp,
du Schippeachter guckst ganz schepp,
mit Knallköpp, Olwel, so wie du,
da stoppt mer Kellerlöcher zu!"
Die zwaa, die früher so geschwätzt,
e „Ehepäärche" sin die jetzt!!

Es war noch nix

Nach Weihnachte sollt des schon sei,
doch jetzt is Ostern aach vorbei,
un leider – des beklage ich,
mei Waag steht uff'm selbe Strich!
Kaa Pfündche hab ich abgenomme,
ich frag mich nur, wann soll des komme?
Vitamine eß ich – viel Grie Soß –
doch spannt mer nach wie vor mei Hos!

Muckefuck

De Dokter maant, mer solle lasse,
de Bohnekaffee, vier – fünf Tasse;
de Blutdruck ging da hoch ganz fix,
un uff die Dauer wär' des nix!
Mer hawwe umgestellt – ruck zuck –
es gibt jetzt nur noch „Muckefuck"!

De Eikaaf

Sei Fraa is krank – er mecht sich los,
un kaaft im Supermarkt ganz groß!
Zwar secht se ihm: „Halt ja schee haus,
un geb des ganze Geld net aus!"
Doch wies so is, er hat en Wage,
und lädt den voll – muß ja nix trage;
was er so sieht, werd mitgenomme,
un wie er an die Kass duht komme,
da war e Schlang, er muß lang warte,
Zeit hat er jetzt, duht nochmal starte,
holt noch e Fläschje Doppelkorn,
sein Wage steht schon ziemlich vorn;
dann lädt er aus, sie tippt's enei,
ganz schnell ging des un aans, zwaa, drei,

sin des als Summe fast zwaahunnert,
er guckt erstaunt un is verwunnert!
Was solls – er hat aach viele Sache,
sei Lisbeth werd dehaam net lache,
weil vieles is aach dadebei –
des brauch mer net un muß net sei!
So wars, kaum war er haamgekomme,
den Zettel hat se glei genomme,
un war ganz baff – sie krieht en Schreck,
ihr ganz Genesung, die war weg!
„Du bist verrückt", schimpft se erum;
er war ganz ruhig, aafach stumm!
Doch wie er se so aageguckt,
so komisch hat se rumgeschluckt,
sie is ins Bett, was war ihr bloß,
die Krankheit ging von vorne los,
so hat se sich da uffgeregt,
de Dokter kam ebei un secht:
„Ganz strenge Bettruh is gebote –
un nur Diät un kaa Exote!!"
Des war en Schlag, tatsächlich, echt,
jetzt wern die Sache aach noch schlecht,
die er in großer Menge eigekaaft,
un hat mit Müh se haamgeschlaaft!!
Die Nachbarin mit ihre Kinner,
die warn von all dem die Gewinner,
er schenkt so aafach vieles her,
da sieht sei Fraa des Zeug net mehr!
Doch einen Vorwurf muß er hörn,

er glaabts aach – trotzdem duhts ihn störn!
Wenn sie eikääft, dann sicherlich,
steht net so vieles uff'm Tisch;
sie spart, bedenkt, läßt manches sei,
bremst so die Geldausgeberei!!
Wo käm se hie, wenns immer wär,
da dähts net reiche – welch' Malör!
Des schönste is, mer muß bedenke,
da fehlt noch viel, des duht se kränke!
Zum Beispiel kaaft se immer noch,
fer sich so manches haamlich doch –
des Haarspray, Strumpfhose un Stifte,
e Sälbche fer die Haut zu lifte,
des alles fehlt uff jeden Fall,
un trotzdem is des Pulver all!!
Drum werd des sicher besser sei –
„sie" kaaft in Zukunft widder ei!!

Locker

De Lehrer maant, hier mechts doch Freud,
e Klass mit lauter scheene Leut!
Sag, Karlche, dadezu mal was –
hierher zu komme mecht doch Spaß?
„Ei ja – so gehts – en lockere Stil –
nur frage Sie oft viel zu viel!!"

Gipfeltreffe

Uff'm große Feldberg trifft de Schorsch,
sein Nachbar Karl, den alte Borsch;
e Freud war des, sie trinke aan,
un redde bissi von dehaam!
Die Differenze sin vergesse –
Einigkeit is ihr Interesse!
Mer kann nur hoffe, des wär'n Ding –
wenns aach in de Politik so ging!

Konjunktur

Belebe muß mer die – na klar –
mer duht da mit des ganze Jahr,
kääft Sache, die mer garnet brauch,
vom T-Shirt bis zum Fahrradschlauch!
So manch Geschäft kann mer net leide,
doch will mer aach fer die kaa Pleite!
Drum kaafe mer un sin net stur –
gestützt werd so die Konjunktur!

Zwaa linke Händ

Arch unbeholfe is de Karl,
er hat zwaa linke Händ;
gelöst hätt er gern manchen Fall,
wenn ers nur besser könnt!
Nur aans – sei Schoppe petzt er leicht,
da is er net gehemmt,
die Spitze hat er da erreicht –
wenn er sei Gläser stemmt!

Schnuppe

Dem Schorsch, dem is so viel egal,
ob etwas dick odder aach schmal!
„Schnuppe“ secht mer hier dezu,
er will nur aans, des is sei Ruh!
Doch jetzt is er bald ausgeflippt,
sein „Schnuppe“ mecht en ganz verrückt;
zum Wilde duht er sich entpuppe,
sein „Schnuppe“ is em net mehr „schnuppe“!

Egal

So vieles, waaß mer, is egal –
des aane dick, des annere schmal,
egal is aach – net zu bestreite,
en Handkäs stinkt uff beide Seite!!

Aafach

Net aafach, wenn mers doppelt nimmt,
drum nimmt mers aafach un gelasse –
es kimmt ja sowieso wies kimmt,
un alles werd aam niemals passe!!

Aaner dems stinkt

Morjens spür ich en richtige Frust,
zu nix hab ich da manchmal Lust;
alles stinkt mer – kotzt mich aa –
am liebste schlafe – ganz allaa!

Ich denk, ich bin halt wie ich bin,
oft sauer – mies – des is heut „in“ –
hab absolut aach oft „Null Bock“,
seh Mädcher gern im Minirock;
echt stark find' ich en „steile Zahn“,
flipp aus beim Warte uff die Bahn,
un „ätzend“ is doch des Gesabbel
vom Boß, mir stinkt dem sei Gebabbel;
des geht mer ehrlich uff de Geist,
die Fragerei – wies lääft – wies heißt,
des raff ich absolut net ab –
mei Antworte sind da ganz knapp;
un stinkt mers, bin ich cool un matt,
da lääft nix mehr un geht nix glatt!
Nix schaffe des find ich echt stark,
un Ordnung halte is doch Quark;
de Tag geht rum, ganz flott im Nu,
un abends bin ich meistens zu;
dann morjns – wenn die annern fit,
da mach ich „ohne Bock“ halt mit!!

Enttäuscht

Was war de Hannes so enttäuscht,
sechs Schoppe hat er schon geschläucht;
sei Dorschtgefühl war noch net weg –
er hat gepaßt – es hat kaan Zweck.

Uffgefalle

Mir is des richtig uffgefalle,
de Hannes sieht ganz anners aus;
er is net mehr so eigefalle,
sei Griebcher komme richtig raus!
Er maant, er wär wie frisch gemacht,
sein G'sichtsausdruck – ganz aafach schee,
viel öfter hat er jetzt gelacht,
er hat – mit Gold – doch neue Zäh'!

E vertel Stündche früher

E vertel Stündche früher sei –
mit eile – haste, wärs vorbei,
schon immer hat's, des waaß mer doch,
an Zeit gefehlt, aach heute noch:
Zum Rendezvous – dahie gehetzt,
sie war schon fort – er war versetzt!
Des Standesamt hatt grad noch uff,
sie renne fast die Trepp enuff!
Die Fraa hätt gern im Bett entbunne,
so hats im Auto stattgefunne!
En Aazug kaafe – ganz allaa,
in Eil probiert – er war zu klaa!

Zum Bahnhof schleppe des Gepäck,
un leider war de Zug schon weg!
En Lokus suche – höchste Zeit –
zu spät wars, weil de Weg zu weit!
Schlange stehe, war oft de Fall –
kaam mer endlich draa, wars dann all!
Viel Sache mache aam nervös –
aach heut' is oft derselbe Käs!
Es soll, grad morjns, jetzt anners wern,
des Vertelstündche fehlt da gern:
Beim Dusche froh e Liedche pfeife,
dabei im Takt de Bauch eiseife;
mit Ruh dann an de Kaffeetisch,
net motze un net ärjerlich;
gelasse in die Zeitung gucke,
steht da was falsch, dann net gleich mucke;
ganz ohne Hetz so aus em Haus,
un merke – die sieht aach gut aus;
schee langsam an die Haltestell,
sich wunnern, wenn die annern schnell;
dem Nachbar winke – gude – wie –
mer summt ganz leis so vor sich hie;
un kimmt die Bahn, is proppevoll,
die sterze sich danei wie toll,
dann staunt mer nur – sind die verhext?
Mer bleibt ganz ruhig, nimmt die nächst!
Mit Freud ins Büro, ausgegliche,
un jedem Krach da ausgewiche;
glei maant de Chef – der gibt sich Müh,

der lacht ja heut' un is so früh;
un abends dann dehaam noch fit –
vielleicht hilft mer beim Spüle mit;
beizeit ins Bett, des mecht was aus –
morjns kann mer da viel besser raus;
des „Vertelstündche" is gewonne –
un jeden Tag scheint da die Sonne!!

Suddelwetter

Mal is es warm, mal is es kalt,
mer zieht sich aa entsprechend halt!
Mal is es trocke, aamal naß,
des Hie un Her, des mecht kaan Spaß!
Dem Schorsch seine Tante ihrn Vetter
maant – „besser als wie gar kaa Wetter!"

Frühlingsgedanke

Erste Gedanke wern jetz wach –
mer spürts un denkt ans Frühjahr, gell?
Mehr Sonn un Wärm – ganz anner Sach –
es bleibt gottlob schon länger hell!

Aamal in de Woch

Em Karl sei Frieda is besorscht,
beim Esse paßt se ständig acht,
des wär zu fett – net soviel Worscht,
nur leichte Kost gibts für die Nacht!
Aach mit dem Trinke geizt se sehr,
am liebste is ihr abends Tee,
nur freitags ißt un trinkt er mehr,
am Stammtisch – was e Ruh – wie schee!!

Verlöte

De Spengler löt die Wasserrohrn,
de Radiofritz Kondensatorn,
wo Telefoner so geschafft,
da is verlöt' gewissenhaft!
De Karl duht sich aus solche Sache,
beim beste Wille nix draus mache!
Zur Gerbermühl geht er wie Goethe,
un duht in Ruh dort aan verlöte!

Umstelle

Zieht euch warm aa – seid wachsam ihr Leit,
es is jetzt Huste- und Schnuppezeit!
Nebbel un Näß – da krieht mer die Kränk,
des geht uff's Gemüt un aach uff's Gelenk!
Drum beugt mer da vor, weil mer des waaß,
sonst lieht mer ganz schnell aach uff de Nas!!

Die „Grie Soß“

De „Busch“ schrieb nur vom Sauerkohle,
den Witwe Bolte geht sich hole!
Hätt die vor Jahrn „Grie Soß“ gekannt,
ei dadenach wär se gerannt;
denn wer seiner Gesundheit diene,
der sorge stets fer Vitamine!
Gepackt bei uns in einer Roll –
siwwe Kräuter – des is toll:
Pimpernelle, Schnittlauch, Kresse,
Sauerampfer net vergesse –
Kerbel un aach Petersilie,
des schmeckt doch de ganz Familie;
Borasch gehört aach dezu –
e „Uffbauspritz“ hat mer im Nu!

Wäsche, häckele, saure Rahm,
so mecht mer's bei uns dehaam;
hartgekochte Eier nei –
Suppeflaasch dezu schmeckt fei!
Salzkartoffele – noch schee heiß,
die gibts dezu, wie jeder weiß!
Wenns kaa „Grie Soß" gibt, fehlt aam was,
mer siehts, die Leut sin richtig blaß –
un jeder fragt sich, wann gehts los –
gibt's endlich widder viel „Grie Soß"!!

Des fängt gut aa

Net zu glaabe – kaum begonne,
endlich lacht se mal – die Sonne,
mer hört's gleich stöhne, was e Hitz,
es kimmt aam vor, als wärs en Witz!
Lang ham mir dadruff doch gewart,
de Wechsel is e bissi hart!
Was soll aber des ganz Gewimmer –
des fängt erst aa un werd noch schlimmer!!

Vorsicht

Vorsicht is gut – doch nix üwwertreibe,
wochelang Pille und Salb eireibe,
Tee un Wärm – daß die Gripp net kimmt,
de Schorsch mechts vor Angst – gezielt, bestimmt;
's End vom Lied – er hat Fieber und Gicht –
jetzt hat es en leider doch erwischt!!

De Kappeabend

Emal was anners – Fassenacht –
da werd en richtige druffgemacht!
E Käppche uff – e Nas', schee dick,
die Lisbeth mecht, des is e Glück,
genau wie ich, so aan uff doof,
mir gehe dahie, erst üwwer de Hof,
un dann enei – direkt in de Saal,
was is es da voll – ja fast e Qual;
en Raach, e Luft, da gibts aach Dorscht,
heut gehts mal rund – alles is Worscht;
mir kriehe en Platz un gleich en Schoppe,
Musik mit Schlagzeug – was duht der kloppe;
getrunke werd, getanzt, gelacht –
egal – heut is ja Fassenacht!

Rundum mer schwätzt, is gleich per Du,
die Lisbeth hatt en Kerl im Nu –
un ich net faul – ich hatt gleich zwei,
da gab's fast noch e Streiterei;
mit der aane ging ich in die Bar,
wer sitzt gemütlich da fürwahr?
Mei Lisbeth, ach was duht se schmuse,
dahaam is die müd un hat kaa Muße!
Ich werf dann Runde – protze groß
un will bezahle – greif in die Hos',
kaa Portmonä – war des en Schreck –
die gucke all, un ich guck weg,
am annern Tisch, mei Lisbeth lacht,
leis ruft se rübber – „gut gemacht" –
ich guck enübber – „helf mer doch,
des Geld hast du im Täschche noch!"
Da steht se uff – zum Wert direkt,
schwenkt hoch en Schein – ganz unverdeckt!
„Ich legs em vor, dem arme Schlucker,
den kenn ich doch – den aale Mucker,
der schafft bei uns – kehrt oft de Hof,
wenn der nix druff hat, guckt er doof!"
Ich war blamiert – ging an de Tisch,
es gab kaa Chance mehr für mich!
„Mir gehe haam jetzt, uff de Stell",
so ruf ich laut – „komm, auf, mach schnell!"
Sie duht's bedauern, 's Glas austrinke –
dem Schorschkarl duht se nochmal winke!
Am annern Tag, de Kopp war dick,

gekocht hatt se vor – war des e Glück;
mir saße am Tisch – noch net ganz wach,
erst hatte mer e bißche Krach –
dann war se lieb, es war widder gut –
e Küßche gab es uff die Schnut;
es war doch schee – die Nas is jetzt runner –
so en ,,Kappeabend" – der werkt schon Wunner!!

Die Ostereier

Aach Ostern is e scheenes Fest,
die Eier liehe bunt im Nest;
doch erst mal suche, wo se stecke,
mer duht bemalt se oft entdecke,
es freun sich Kinner un aach Große,
morjns werd gesucht in de Unnerhose;
die ,,Handelsklaß" spielt da kaa Roll,
ob weich, ob hart, wenns Nest nur voll!
Aach ausgeblase am Osterstrauß,
da sehn die doch ganz herrlich aus;
mer zählt se dann, die aam gehörn,
un kaaner werd sich dadraa störn,
daß mer die hat verbote krieht,
weil de Wert vom Blutfett owwe lieht;
egal – so denkt de Kunz, de Meier,
nur aamal im Jahr gibts Ostereier!!

Uffgerafft

Macht e bissi mit –
beim Frohsinn aus de Bütt,
ich waaß – aam is oft net denach –
doch aans is sicher ohne Frag –
so odder so is alles Schiß,
mer muß es nemme, wie es is!
Drum nimmt mers besser net zu schwer,
sonst hat mer bald kaa Kräfte mehr;
mer rafft sich uff – mechts beste draus –
un geht mal richtig aus sich raus!!

Erleichtert

Den Karl, den hat die Sonn verführt,
der secht beim Schoppe ungeniert,
„es is jetzt rum, ich fühl mich leicht,
mir hawwes widder mal erreicht!"
Abgelegt hätt er schon – duht protze,
jetzt all die dicke, schwere Motze;
un aans wohl – damit duht er groß –
Schluß wärs mit de lange Unnerhos!!

Aamache

Salat, Grie Soß, un was net all,
werd „aagemacht“ uff jeden Fall;
aach wenn mer mit em Mädche lacht,
da hat mer se heut „aagemacht“!!

Die Glotze

Fast alle hawwe sicher doch,
ihr Fernsehstündcher jede Woch:
montags Filmcher – oft sins alte,
dienstags „Dallas“ – des Gott walte,
is mer mittwochs aach dehaam,
da guckt mer – klar doch – „Denver Clan“;
donnerstags „Thoelke“ – de Wum stimmt froh,
freitags „Derrick“ – de „Alte“ un so,
samstags kimmt dann des „EWG“ –
was sonntags kimmt, is aach ganz schee!
In de „Schwarzwaldklinik“ is stets was los,
„Alexander“ find mer ganz famos!
Krimis oft zu später Stunde –
da sitzt se lang, die Fernsehrunde;
Politik – Kultur – was gibts da all,
immer was druff, fer jeden Fall!

Es müßt ja net sei, daß mer alles guckt,
un manchmal werd aach uffgemuckt;
doch ohne Erfolg – des gehört dezu,
stets rappelt die Kist, es gibt kaa Ruh!
Mit Video werd uffgenomme,
was zwischedrin so vor duht komme,
wann des geguckt werd, is die Frag –
e Woch hat leider nur acht Tag;
da muß mer alles gut bedenke –
,,Programmablauf" so richtig lenke!
Korzum – ,,Fernsehn" hat mords Gewalt,
immer gibts was fer jung un alt!
Un ,,ohne" däht aam schon was fehle –
mer müßt ja redde – selbst erzähle!!

Schnuddele

Die Meiern schnuddelt gern – un wie –
des lasse, kann die aafach nie!
Bald is die Müllern an de Reih,
die Krämern kimmt so nebebei;
so mecht se dorsch, die ganze Gaß,
üwwer werklich jeden, waaß die was!
Un regnets mal, duht richtig suddele,
dann hat se widder was zu schnuddele!

Dorschsetze

Die Lisbeth guckt ihrn Rosenthal,
de Hannes gern sein Sport –
’s gibt Differenze öfter mal,
un aach e ernstes Wort!
Gewinner bleibt die Lisbeth meist,
die setzt sich immer dorsch,
de Hannes damit stets beweist,
er is en ruhige Borsch!

Uffstehe

So aafach is des manchmal net –
schee kuschelig is es im Bett;
de Radiowecker duht sei Pflicht –
des is oft wie en Schlag ins G’sicht!
Dann hört mer Stimme, die maanes gut,
so manch schee Liedche mecht aam Mut!
Zwaa – dreimal hört mer noch die Zeit,
en Satz – eraus – es is soweit!
Im Bad hört mer gelasse weiter,
des stimmt aam gleich e bissi heiter;
leicht wippt mer mit de Musik mit,
un schon is mer im richtige Tritt!

Zum Frühstück gehts dann in die Küch',
aach da hört mer am Kaffeetisch
die Wetterlag, wie de Verkehr,
die Zeit – jetzt gibts kaan Uffschub mehr,
die Tasch geschnappt un ab ganz fix,
ohne Radio wär des alles nix!

Die schwer Kost

Beim Dokter war se – hatt Malör,
der secht, „Kartoffel" wärn zu schwer;
de Schorsch maant: „Mach dir da nix draus –
mir suche nur noch ‚klaane' raus!!"

De Spüler

En neue Spüler brauche Sie –
der aale Kerl, der is bald hie –
dann hawwe Se e groß Malör,
den Rat krieht sie vom Installateur:
„So e Ding – naa – nie un nimmer –
mein Schorsch spült weiter, so wie immer!"

Geduld

Im Wartezimmer von seim Dokter,
am Freitagmorje ganz früh hockt er;
noch zwanzig annern sitze dort,
un schwätze der in einem fort –
von ihre Leide, ein Gewimmer,
un jeder maant, seins wär noch schlimmer!
Erklärn duhn die ihr Krankheit richtig –
sein Kram – er spürts – is net mehr wichtig!

De Vaddertag

Aach er soll geehrt wern – ohne Frag –
gebührend – wo is er am Vaddertag?
Oft unnerwegs mit em Strohhut uff,
un mecht so de ganze Tag aan druff;
sei Freunde debei – ganz ungezwunge,
kaa Fraa, kaa Kinner, laut werd gesunge;
des „Wutzje“ schee mal rausgelasse,
mecht heut nur des, was „ihm“ duht passe;
Sprüch wern gekloppt un Witz sin zu hörn,
e ganz locker Sach – da soll mer net störn!
Am nächste Morje werds widder hell –
es kimmt des „Erwache“ dann ganz schnell;

en dicke Kopp un übbel un müd –
labile Vädder mer oft dann sieht!
Arweit – Sorje – 's Geld knapp – nur Pflichte,
wies war, so gehts weiter – nach annern sich richte,
des werd jetzt genomme ganz ohne Gemecker –
wenns manchmal aam geht aach arch uff de Wecker!
Drum sollt mer, warum net, den scheene Brauch,
dem Vadder des gönne doch aamal auch!
Da gibts aach Vädder, die gehe net fort,
wern dehaam verwöhnt – gucke fern – ihrn Sport,
des gefällt dene besser – warum aach net –
es derf jeder mache, so wie er's gern hätt!!

Bürgersteige

„Fußgängerweg" – oft sieht mer rot –
die „Geher" hawwe schon ihr Not!
Geparkte Autos – uffgerobbt –
Obstständ – Radfahrer – kaaner stoppt;
Kleiderständer un Tische mit Dippe,
des is e Hin- und Hergehippe!
Geschick zum Klettern muß mer zeige –
drum heiße die aach „Bürger steige"!!

Schlußverkaaf

Jetzt is widder schwer was los –
„Schlußverkaaf" fer klaa un groß!
In de G'schäfte kann mer sehe,
wühle duhn se – laafe, stehe;
kaafe ei, es duht schee schlauche,
Sache, die se garnet brauche!
Die Hauptsach is, da mitgemacht,
un Dutte voll mit haamgebracht!

Bald habbe mers widder

Es geht – kaum is es doch zu fasse,
des Jährche ruhig un gelasse,
dem End entgege, mer muß denke,
es war doch erst: Weihnachtsgeschenke;
viel Vorsätz fer des „neue Jahr" –
un was da alles nix mit war!
Schee wars dann, wie de Winter vorbei,
de Frühling kam – un viel Fummelei
im Garte, im Haus, am Auto aach,
zur Urlaubsplanung da gabs manche Frag;
warte uff Wärm, viel schenner Wetter,
Regescherm, Jacke, warn oft die Retter!

Urlaub, Kerwe, so manche Feste,
beim Schlußverkauf – was gabs da Reste;
Quetschekuche, de erste Sieße,
des is schon vorbei – mer dahtes genieße!
Kartoffel im Keller – nebbelig Zeit –
fers Heize is aach schon alles bereit?
Pelzmantel lüfte, Schuh fort zum Sohle,
en Rum fer de Tee is aach noch zu hole;
jetzt muß mer aach noch üwwerlege,
sin Bese da zum Schnee wegfege!
Gedanke mache, was schenkt mer so,
kaaft mers Gänsi da odder annerswo?
Ganz flott gehts jetzt, da kimmt net mehr viel,
kaum begonne – schon widder am Ziel!
Drum stellt mer sich jetzt schon seelisch druff ei –
net lang mehr – dann werd Weihnachte sei!!

Radfahrer

Es gibt e paar Sorte, des is kaan Witz,
die aane fahrn, grad wie en Blitz;
die annern klingele wie die Dolle,
die komme der aa, grad wie e paar Volle;
die anner Sort, ich mach jed' Wett,
die sitze dadruff – könne beides net!
Un da gibts noch solche, des is en Staat,
die brauche zum „Radfahrn" gar kaa Rad!!

Lamendierer

Was duht dem Schorsch so alles weh,
er jammerts jedem vor,
bald is es des Kreuz – bald sin's die Zäh' –
un neuerdings des Ohr!
Nur wenn er zu seim Schoppe geht,
zu seine Stammtischrund –
die Schmerze sin wie fortgeweht,
da is er kerngesund!

De Herbst

Des Jahr werd müd – es is schon alt,
de Herbst is da, bunt werd de Wald;
die Blätter falle, Winde weh'n,
am Himmel sieht mer Drache steh'n;
die Gärte wern jetzt abgeräumt,
von schöne Grillparties mer träumt,
jetzt is mal Ruhe – winterfest –
geerntet werd de letzte Rest,
die warme Kleidung kimmt jetzt raus,
un öfter is mer doch zu Haus!
Aach diese Zeit, des is ja klar,
bringt Freud' un Stimmung doch fürwahr;

en Herbststrauß jetzt des Zimmer schmückt,
des muntert uff – mer is beglückt;
un aans besonners ich begrüße –
es gibt jetzt widder frische „Süße“!

Quetschekuche

Gott sei Dank – se sin endlich gut,
die Quetsche – sauer werd die Schnut,
es lääft die Brieh, paßt ja schee uff,
weil Wespe schwirrn un sitze druff!
Wenns aach als babbt – des stört uns net –
gesund is der un garnet fett!
Wer den net kennt, der muß versuche –
mir schätze unsern Quetschekuche!

Beinah

Es is doch aafach net zu fasse,
de Hannes war wie ausgelasse!
„Fünf Richtige“ – die Kreuzcher stimme,
er hat geplant schon – dann kams Schlimme!
Sei Lisbeth hat – des warn der Quale,
die Woch vergesse eizuzahle!

Modern

En alte Sachsehäuser Berjer,
secht was en Zerkus, was en Ärjer,
lääft mal was schief, regt ihn was uff,
haut was net hie, dann pfeift er druff!
Wenn mer mit Junge Umgang hat,
heißts heut' nur „sauer", „cool" un „matt";
dem Schorsch sei Klaa secht, ei ich hoff,
des is net „ätzend", gibt kaan „Zoff"!!

De Schussel

Vom Singe kimmt de Schorsch spät haam,
sei Lisbeth hatt en schlimme Traam,
von Löwe, Tiger, wilde Katze,
da langt de Schorsch mit seiner Pratze,
ihr ins Gesicht, er find es net –
des Nachttischlämpche an seim Bett!
Wach werd se da – erlöst von Quale –
sie weiß – des is ja nur ihrn Aale!

Die Unermüdliche

Die Oma sitzt vorm Fernsehkaste –
hats Kästche, fummelt an de Taste;
es gibt – egal wo – immer was,
bis spät nachts findt se hier ihrn Spaß!
Oft ganz allaa – sie schläft als ei –
doch früher uffhörn, derf net sei;
es werd geguckt – egal wies heißt –
mir ging des ganz schee uff de Geist!!

Zufridde

Zufridde geht de Karl heut haam,
sei Stimmung is perfekt;
de Ebbelwei – es war en Traam,
er hat em gut geschmeckt!
E Fäßche is neu aagestoche,
in seine Kneip – beim Hut –
so bleibt der aach die nächste Woche,
da werd getunkt die Schnut!

Die Brill

De Spengler schafft im Klo un sagt:
„E Brill, e neu, wär aagebracht!“ –
„Ja“, maant die Lisbeth zu ihrm Karl,
„ganz recht hat der uff jeden Fall!
Wenn ich so guck – ich duh schlecht sehe,
zum Aagedokter muß ich gehe!!“

Net mer lang

Es is soweit – mer siehts üwwerall,
Weihnachte kommt – uff jeden Fall!
Viel is zu schaffe un zu richte –
mer guckt sich um, duht manches sichte,
was an Geschenke eizukaafe –
da gibts noch allerhand zu laafe;
Plätzcher, Stolle wärn zu backe,
die Nüss' dezu sin klaa zu hacke,
zum Fest e Gans – mordsgroß des Vieh,
im Bräter paßt die meistens nie;
was mer so braucht, des holt mer haam,
zum Schluß kimmt noch de Weihnachtsbaam;
e Spitz fehlt und die Kuchele aach,
hat net de Ständer aach de Schlag?

Un net wie letztes Jahr solls sei,
am Tag devor fällts aam noch ei,
mir hatte nix für Onkel, Tante,
des sin ja schließlich aach Verwandte!
,,Schnell hol noch was, mach fort un laaf,
fünf Zigarrn un e Stückche Saaf;"
des soll uns dies Jahr net passiern,
mir duhn schee plane un notiern!
Doch aans, des steht heut schon fest,
mer schlemmt zuviel am Weihnachtsfest;
en Kaloriestoß gibts widder –
was dann die Waag aazeigt, is bitter;
drum, wenns aach schwerfällt, maßgehalte,
mer kanns aach anners schee gestalte!
Na ja – genomme werd's wie's is –
ob's Schnee gibt, des is ungewiß;
ganz wichtig wär bei aller Freud,
mer denkt aach an die arme Leut;
un hoffentlich is aach noch Zeit –
fer ,,Ruhe" und ,,Besinnlichkeit"!

E dumm Frag

Zwaa Ebbel frage, wie werds bloß –
wenn mir gewachse sin un groß,
das Beste maant mer, werd wohl sei,
mir wern gedrückt zu Ebbelwei!

Wohlstand

Wohlstand werd heut arch gepriese,
viele duhn recht viel genieße!
Net üwwerall is des so möglich,
bei viele is es aach noch kläglich;
da gibt's doch noch so manche Leut',
die backe klaane Brötcher – heut!

Eimache

Obst, Gelee un was net all,
werd eigemacht uff jeden Fall;
im Winter is mer dankbar drum,
steht da des Eigemachte rum!
De Karl geht täglich zu seim Schoppe,
un duht da gern sei Karte kloppe;
was hat er haamlich schon gelacht –
wie er die annern „eigemacht"!

Logisch

Logisch denke is sehr wichtig,
logisch handele is richtig,
logisch is aach ganz bestimmt,
daß, wenn mer krank is, Pille nimmt!
„Logo" secht em Karl sein Klaane,
frägt er: „Willst de Eis mit Sahne?"

Net dumm

En Wirt – zum Hannes – uffgeregt:
„Du werst 's noch wisse" – laut er secht,
„fünf Bier stehn noch, sechs Zigarrn aach,
vom Sängerfest vor verzehn Tag!"
De Hannes maant, des Bier wär schlecht,
„schütt 's fort" – des beste was mer mecht;
„die Zigarrn gibst de mer – mach nuff –
des paßt mer grad – ich hab nix druff!!"

Die Wahle

Jed Partei werft sich in Schale,
verspricht so manches vor de Wahle,
un sin se rum, da duht mer prahle
mit Stimmezuwachs – hohe Zahle;
doch was dann kimmt is ziemlich schmale,
na wart, es komme widder Wahle!

Weiter geht's

Sie sin jetzt rum, die Feiertag',
besinnlich warn se, ohne Frag';
Kerchgang – scheene Weihnachtslieder,
christlich so denkt mancher wieder!
Esse, Trinke, Rumgelunger,
am dritte Tag hatt' mer kaum Hunger,
so war mer froh, daß se vorüber,
mit gute Vorsätz ging's hinüber
in's „neue Jahr" – nun is vorbei,
die übertriebne Schlemmerei!
Mit Kalorie spart mer jetzt,
bewegt werd sich – net nur gesetzt
in's Auto, an de Kaffeetisch –
mer tankt mehr Luft un bleibt so frisch.

Dann geht es weiter, so wie immer,
Freud' am warme Sonneschimmer,
Frühling werd's – fängt aa zu sprieße,
längere Tag', mer duhts genieße,
naus in de Garte – e richtig Freud,
mer sieht widder mal die Nachbarsleut!
Un Urlaub plane – Sommer is schnell,
fer die Gäst im Garte immer zur Stell',
feiert oft Festcher, säubert die Wege,
doch meist gibts grad an dem Tag Rege;
so werds Herbst un dann widder Winter,
Schnee muß sei – en Spaß fer die Kinder,
geheizt wern muß – um jeden Preis,
gibts aach Energie in gewohnter Weis?
Mir tun erwarte, es bleibt wie seither,
nur viel Arbeitslose uff kaan Fall mehr!
So seh'n mir de Zeit gelasse entgege,
un wünsche uns Glück und reiche Sege;
Friede un Freiheit erhoffe mir all –
des Christfest kimmt widder – in jedem Fall!!

De Kalenner

Ganz abgemagert sieht er aus,
er waaß, mit ihm is es bald aus –
so hängt er – fühlt sich arch gequält,
net lang – sei Dage sin gezählt!
Dann kimmt en neue, schee un schick,
doch waaß ders aach schon, was e Glick,
er nimmt nur ab un niemals zu –
des is halt so un geht im Nu!!

Mer kanns ja mal sage

Net daß mir üwwerheblich sin –
in Oberrad da steckt was drin!
E richtig Vitamineloch,
des waaß mer üwwerall wohl doch!
Gemies – Grie Soß – Gewerzel – Salat,
was hier so wächst, des is en Staat!
Die Gärtner sorge dadefür –
bei Wind un Rege vor de Tür!
Un dann die Luft – mer riecht es glei,
egal von wo mer kimmt hier rei!
De Wald, des Feld un dann de Maa,
des mischt un filtert sich allaa;

im Sommer, wenns so richtig schwül,
e „Lüftche“ – aagenehm un kühl;
die Regner laafe oft im Feld –
dann Fenster uff – weit ausgestellt!
Da merkt mer nix von Mief, Gestank,
erholsam is des – Gott sei Dank!
Un großzügig wie mir so sind,
mir lasse diese Luft als Wind
zu unsre Nachbarn in die Stadt,
daß mer aach dort was „Gutes“ hat!
Mir hoffe nur, daß des so bleibt,
wo mer soviel vom Baue schreibt;
denn aans, des is doch zu bedenke,
mer könne aach nur was verschenke,
wenn selbst uns bleibt des so erhalte,
schee wärs – de liebe Gott des walte!
Mer kanns laut sage ohne Bluff –
e bissi stolz sin mer schon druff!!